Zur neuen Lesebibliothek in Glogau.

Man bittet höflichst die Bücher, so wie die darinn enthaltenen Kupfer, sauber und reinlich zu halten.

Philosophische Vorlesungen für empfindsame Seelen.

Allein du wirst auch die Natur
Voll sanfter Schönheit sehn —
Wohl dir, daß du gebohren bist —

Kleist.

Frankfurt und Leipzig, 1780.

Baum des Erkenntnisses Gutes und Bösen.

Schönheit — ein Wort das sich nicht um-
schreiben läßt: es muß empfunden werden, doch
wollt ich es wagen durch ein ander deutsches
Wort viel Licht auf diesen einfachen Begrif zu
werfen: Uebereinstimmung. Die Schönheit ist
entweder objektiv, die höchste Uebereinstimmung
der Theile untereinander zu ihrem eigenen Ganzen, oder subjektiv, Uebereinstimmung dieser
Theile zu dem Ganzen des sie erkennenden Sub-
jekts. Jenes möcht ich ideale, dieses die homogene Schönheit nennen.

Sie sehen aus dieser Erklärung, daß die
ideale Schönheit zugleich nothwendig und

unveränderlich seyn müße, weil sie ihren Grund in
sich selber hat: die homogene aber sich nach dem
sie erkennenden Subjekt richte. Sie sehen ferner, daß wir von der homogenen zur idealen
Schönheit übergehen können, wann wir unser
Ich so weit erheben, daß das schöne und noth-
wendige Ganze außer uns, auf unser Ganzes
die gehörige Eindrücke macht, das heißt voll-
kommen damit übereinstimmt.

Die höchste ideale Schönheit ist Gott —
und das erkennen wir aus der Welt die er geschaffen, worinn jeder Theil mit dem andern
und zum Ganzen aufs harmonischste stimmt,
wir schließen also von der Wirkung auf die
Ursache. Ich sage, wir erkennen; wir schließ-
sen, — um anzuzeigen, was geschehen sollte —
nicht was geschieht.

Die homogene Schönheit aber ist in der
idealen enthalten wie ein Theil im Ganzen:
denn jeder Theil dieses um uns her aufs voll-
kommenste geordneten Ganzen hat für ein oder
anderes Subjekt eine individuelle mit ihm beson-
ders zusammenstimmende, das heißt homogene
Schönheit.

Alle Schönheit erregt ein Ergetzen, ein
Wohlgefallen, welches in Wunsch, und wenn
dieser Wunsch fortgesezt wird, in Neigung und
Bestreben übergeht. Verschieden müssen aber
diese Bestrebungen sein, nach dem diese beiden
Arten von Schönheit verschieden sind. Hier,
meine Herren! spannen Sie ihre Aufmerksam-
keit: Ich will Sie auf die Wegscheide von Glück
und Elend führen. — Die homogene Schönheit reizt zur Vereinigung, die ideale zur
Nachahmung.

Wir haben eine Konkupiscenz, das Streben nach Vereinigung, die Begier: sie ist Gottes
Gabe und nöthig zu unsrer Glückseeligkeit, denn
wie können wir glüklich sein, ohne zu geniessen und wie können wir geniessen ohne begehrt
zu haben. Diese Begier nun sollte sich billig,
wie alle Kräfte in uns, nach unsrer besten Erkenntniß richten. Da aber alle Erkenntniß in der
Einbildungskraft ihren Ursprung hat und diese
der Seele ihre Gegenstände gleichsam erst vor-
spiegeln muß, welche sie erkennen und empfinden soll, da ferner die homogene Schönheit
schneller durch unsre Erkenntniß und Empfindung
durchgeht als die ideale: so ist es kein Wunder,

daß unſre Begier mit den Klauen einer hungri=
gen Harpye nach jener zu erſt greift, und ſie mit
unſrer Subſtanz aufs innigſte zu vereinigen ſucht.
Ja dieſe Konkupiszenz übereilt ſich ſo ſehr, daß
ſie ſich die Zeit nicht läßt, den Gegenſtand deſ=
ſen homogene Schönheit unſrer Einbildungs=
kraft entgegen gedämmert, zu unterſuchen, ob
er wirklich ganz homogen mit uns ſei. So
fährt ein Kind in die Flamme ohne noch was
anders davon erkannt zu haben, als den Glanz,
ſo fiel Eva auf den Apfel und aß, ohne noch
zu wiſſen, ob er auch gut ſchmekke, noch we=
niger, wie er ihr bekommen werde.

Um alſo nur zum Genuß der homogenen
Schönheit zu kommen, würden wir ſchon dieſer
ſchnellen Operation Einhalt thun, und vorher mit
geſammten Kräften unſrer Seele unterſuchen müſ=
ſen, ob denn der beliebte Gegenſtand wirklich
homogen mit uns ſei. Eine geringe Aehnlichkeit
mit unſerm Selbſt macht ihn noch nicht hinrei=
chend unſere ganze Konkupiszenz zu befriedigen.
In dem Fall müſten wir ihn alſo ſtehn laſſen,
uns nach einem andern umſehn, der mehr Kon=
gruität mit allen Theilen unſers Ichs hätte, und
wenn wir ſo wählten, verwürfen, wieder wähl=

ten und wieder verwürfen, alle Trägheit und
Furcht bei Seite gesezt und unsre Begier wie eine
elastische Feder beständig gespannt, ohne sie loß
zu lassen: was würden wir finden? — Was
Adam und Eva fanden, als sie hinein gebissen
hatten und vielleicht die häßliche Frucht wieder
ausspien: — und sie wurden gewahr, daß
sie nackend waren — mich däucht, hier ist die
erste Regung der Geschlechter Neigung ziem-
lich deutlich bezeichnet, nur hemmte die mit
dem Bewustsein einer Verschuldung verbundene
Schaam den Ausbruch: sie flochten sich Blätter
vor und verstekten sich.

Um aber zum Genuß der idealen Schönheit
zu kommen, habe ich schon oben gesagt, müssen
wir unser Ich zu derselben erheben, alle unsere
Kräfte schärfen und unsere Konkupiscenz nicht
allein gespannt erhalten, sondern sie auch höher
spannen: kurz unser Ganzes dem schönen Ganzen
ausser uns, gegen über sezen, das heißt, ihm
nachahmen.

Sollen wir denn aber nie geniessen, soll unser
ganzes Leben ein Wunsch, ein Bestreben bleiben,
ohne uns bei einem homogenen Gegenstand aufzuhalten, zu beruhigen? Aufhalten wohl — aber

nicht beruhigen. Unfer Ruhpunkt ist Gott
und da der — fo wie er feiner Kraft nach uns
unendlich nahe, fo feiner Vollkommenheit nach
unendlich von uns entfernt ist und es ewig bleiben wird, fo fehen wir wol, daß wir nicht zur
abfoluten Ruhe gefchaffen find, unfere Ruhe ist,
wann wir uns nach den von Gott geordneten
Gefezen der allgemeinen Harmonie zu ihm hinauf
bewegen.

Wir dürfen aber nicht allein bei homogenen
Gegenständen uns aufhalten, wir follen es auch
thun. Effet von allerlei Bäumen im Garten.
Alle homogene Schönheit ist ein Theil der idealen, und wir können nicht anders zu der Idee
von diefer kommen, als auf dem Wege des
verhältnißmäffigen Genuffes von jener. Ich fage
des verhältnißmäffigen, denn ich muß ieder homogenen Schönheit auch in meinem Genuffe den
Plaz anweifen, den fie in ihrer Beziehung zum
fchönen Ganzen, zur höchsten objektiven Schönheit hat. Die vollkommenhomogenfte Schönheit aber ist die lezte Stuffe zur idealen, der
Genuß iener muß unfrer Konkupiscenz alfo auch
den höchsten Schwung geben, zu diefer überzugehen.

Alles was in der Welt ist, hat einzeln genommen mit uns einen Grad homogener Schönheit, macht also Anspruch auf einen Grad unsers Genusses. Kein Ding das unsern Sinnen oder Geistes Kräften gegenwärtig werden kan, ist vergeblich für uns erschaffen, keines, auch das häßlichste nicht, von allem Reiz für uns entblößt, der Fehler liegt an uns, wir suchen den Reiz darinn nicht auf, oder unsere Kräfte sind nicht genug ausgeschliffen, ihn warzunehmen. Am homogensten aber unter allen erschaffenen Dingen mit uns, ist der Mensch, daher interessirt er uns am meisten, am vollkommensten homogen unter den Menschen sind sich die beiden Geschlechter Mann und Weib, hier thut die homogene Schönheit κατ᾽ ἐξοχην also, ihre völlige Wirkung, sie reizt, zieht, zwingt zur Vereinigung. Mögen die Geschlechter also zu einander streben, sich vereinigen, eins sein, es ist ihre Bestimmung — aber nicht bei einander beruhen.

Jezt kömmt es drauf an zu untersuchen, welche Schönheit im andern Geschlecht diejenige sei, die für unser Individuum die meiste Kongruität hat.

Wir fühlen einen unbestimmten Zug zum ganzen Geschlecht, weil in jedem Individuum

deſſelben etwas vorzüglich homogenes mit uns iſt.
Allein dieſen Trieb bis zum Ziel zu verfolgen,
hieſſe die Saat unſerer Empfindungen, zugleich unſerer Glükſeeligkeit, verſchwenden und
Verzicht thun auf alle Hofnung jemals zum
ſeeligen Genuß unſerer eigenthümlichen
Schönheit — geſchweige denn einſt der idealen
zu gelangen. Behalte alſo deine Konkupiscenz
geſpannt, Jüngling, damit ihr Pfeil nicht vor
dem Ziel niederfalle. Laß dich aber auch, derweil
du nach Vereinigung ſtrebſt, nicht täuſchen von
der erſten kongruenten Geſtalt die dir aufſtößt, ſie
für das Gewicht zu halten, das die Schaale deiner
Sehnſuchten aufwägen ſoll, wäge langſam und
bedächtig ohne Stoß und Schütteln und bedenke,
daß du nicht blos körperliche ſondern auch geiſtige
Homogenität begehrſt.

Jezt einen Blik meine Herren, auf die Glükſeeligkeit des Eheſtandes. Sich wechſelsweiſe zu
genieſſen, ganz zu genieſſen, nicht vergeblich da
zu ſein, das heißt — denn warum ſollen wir einen
urſprünglichen Wunſch unſers Weſens verkleiſtern?
— nicht vergeblich ſchön zu ſein. Denn alle
andere Geſchöpfe, ſelbſt die uns zu nächſt ſtehen-
den Individua unſrer Gattung können uns nie ſo

ganz schön empfinden, das heißt lieben, als das eine Wesen unsers Gleichen, unser wiederschallendes Ich, die Summe aller Liebe, auf die wir schon mit kindischen Geplärr Anspruch machen, so bald wir nakt auf die Küste dieser Welt hingeworfen werden. Aber freilich, wo finden wir diese unsere vermißte unentbehrliche Hälfte, wo finden wir sie? — O ihr Sittenverderber, welche Glükseeligkeit raubt ihr der Welt, wann ihr ihr die Tugend raubt? —

Doch finden wir den Schatten davon und auch der belohnt die Mühe, ihn zu suchen. Und wenn alle den suchten — so würden alle mehr finden, als sie suchen. Denn eben darinn besteht der **grosse Fehler** unserer Welt, daß in ihr kein Muth, keine Hoffnung, kein Glaube mehr anzutreffen ist.

Hütet euch, Jünglinge beiderlei Geschlechts für der geschwinden Willfahrung eurer Konkupiscenz, noch einmal — haltet diesen Bogen mit dem eisernen Arm der Vernunft gespannt. Laßt euch den Gedanken nie aus dem Sinn, daß nur unter dieser Bedingung eine unbekannte Glükseeligkeit auf euch warte, die eurer gesammten Wünsche, eures ganzen Bestrebens würdig

ift. Fahrt nie zu bei jeder euch homogenfcheis
nenden Schönheit, fezt euch vorher in den gehö=
rigen Gefichtspunkt, prüft, vergleicht, wägt ab,
wartet ab — und wenn fie euren ganzen Wunfch
aufwiegt, wenn das Schikfal, oder nach un=
ferm Begrif die von Gott geordnete Harmonie
der Umftände beide Schaalen gleichftehen läßt,
fo freut euch eures Genuffes — wenn nicht —
opfert ihn auf und feid verfichert, daß ein
ungleich höherer auf euch warte.

Es giebt körperliche Schönheit Unterfucht
ob der Kern diefer Schaale würdig fei. Euer
ganze Genuß der bloß körperlichen Schönheit
fei, fie zu empfinden, zu meffen, euch über die
fchönen Verhältniffe zu freuen — und davon zu
gehn. Ihr würdet fonft die Glükfeeligkeit ver=
fcherzen, die euch im Genuß eurer vollkomme=
nen Homogenität vorbehalten ift. Hier gilt der
Vogel auf dem Dache mehr, als eine ganze
Sammlung fchöner Schmetterlinge. Denn es
wartet eurer fo gewiß einer auf dem Dach, als ihr
den Wunfch in euch fühlt, eures gleichen anzu=
treffen. Similis Simili —

Aber wenn ihr nun fo glüklich geworden
feid, fo bedenkt, daß ihr nur an der unterften

Staffel der Leiter steht, alsdenn zur idealen Schönheit übergegangen, meine Freunde! In diesem unentdekten Lande sind noch unzählige Brunnen der Glükseeligkeit zu graben, Brunnen die Wasser enthalten, das ins ewige Leben fließt.

· Gewöhnt euch von jeder idealen Schönheit, die ihr euch homogen gemacht habt, indem ihr eure Essenz ihr gegenüber stellt, zur höhern überzugehen, denn jede homogene ist ein Theil der idealen, die h ö ch st e ideale besteht in der Zusammenordnung dieser Theile zu einem vollkommenen Ganzen — die studirt bis in Ewigkeit. Eine andere Schönheit hat die Sonne; eine andere der Mond, eine andere die Sterne, aber e i n e r ist, der sie alle in ewige Harmonie gebracht hat. Und wieder von oben herabschaun und ruffen kan: es ist gut — so können auch wir eine Sprosse nach der andern auf der grossen Leiter empor zu ihm klimmen, rükwärts hinab schauen und mit Tränen der Entzückung ihm nachflüstern: es ist gut! es ist gut —

Supplement
zur vorhergehenden Abhandlung.

Ich nannte sie Baum des Erkenntnisses Gutes und Bösen: dieser Titel mußte Sie befremden da die Abhandlung nicht darauf antwortete, und ich Sie nur mit der objektiven und subjektiven Schönheit unterhielt, nicht mit der Rechtfertigung Gottes, daß er den Baum unsers vermeinten Elendes ins Paradies gesezt, welches eigentlich doch das Ziel war nach dem ich schoß.

Ich hab Ihnen gezeigt, daß die Konkupiscenz, das Streben nach Vereinigung, den Fall unserer ersten Eltern, verursacht. War sie also eine Sünde? das sei ferne! Nur ihre zu ungedultige Befriedigung war es.

Noch mehr, die Konkupiscenz ist dem Menschen zur Glükseeligkeit nothwendig, eine Gabe Gottes — die herrlichste aller Gaben Gottes. Das Menstruum wodurch wir alle Glükseeligkeit auflösen. Dann Glükseeligkeit muß genossen werfen, und Genuß kan kein Vergnügen bringen, ohne zuvor begehrt zu haben. Nur der Hunger kan die Malzeit würzen, Köche können den Werth der Speiſen nicht erhöhen ſondern nur den Appetit unſers Magens.

Wenn Gott aus dem Menſchen blos ein denkendes und empfindendes Weſen hätte machen wollen ſo würde ers bei den Schatten die er um ihn her pflanzte, bei dem blauen Himmel mit dem er ihn bedekte und der ſchönen Dekoration des Paradieſes haben bewenden laſſen. Aber er wollte ihn auch handelnd nicht blos leidend. Der Menſch ſollte freilich einen Blik der Gottheit ins ſchöne Weltall thun, und alles übereinſtimmend empfinden: aber er ſollte auch frei, ein kleiner Schöpfer der Gottheit nachhandeln. Die Triebfeder unſerer Handlungen iſt die Konkupiscenz ohne Begier nach etwas bleiben wir ruhig, und da handeln die gröſte aller menſchlichen Realitäten iſt, wie ſträflich wär es den Keim unſerer Thätigkeit aller unſerer Vortreflichkeit zu erſticken.

Gott wollte alſo unſere Konkupiscenz in Bewegung ſetzen, das konnte nur durch ein Verbot geſchehen.

Es ist unwiedersprechlich , daß in der ganzen Natur alle Kräfte nur entgegen wirken. Alle Aktion ist Reaktion, wir erfahren dies täglich , wo kein Stoß da keine Bewegung , wo kein primus movens und agens , da bleibt alles ruhend und leidend — auf diesem Weg allein konnten die vernünftigen Geschöpfe zur Idee einer Gottheit kommen. Die Materie ist nur beweglich nach dem Maaß der Kraft die sie hat zu wiederstehen. Die Geister haben nur nach dem Maaß ihrer grössern Kraft zu wiederstehen, eine grössere Beweglichkeit. Und Gott um unserer Konkupiscenz den höchsten Schwung zu geben , uns zur Handlung zu determiniren mußte verbieten. Wir finden auch nicht, daß die ersten Eltern gegessen auf den Befehl , esset: sondern Gott mußte dazu setzen , von dem Baum sollt ihr nicht essen.

Es war dies der erste Stoß gleichsam den Gott freien Wesen gab die handeln sollten ; denn dem Thier kan ich keine Handlung zuschreiben , eine Handlung aus Instinkt ist immer noch ein Leiden. Es war dies Verbot die vis centrifuga die Gott dem menschlichen Wesen eindrükte , da die Konkupiscenz

kupiscenz gleichsam seine vis centripeta war, und nur bei dem Streit dieser beiden entgegenwirkenden Kräfte konnte sich seine Freiheit im Handeln, seine Selbstwirksamkeit, seine Velleität äussern. — — Aber nun die Drohung der Vernichtung „Welches Tages du davon issest wirst du des Todes sterben " dies war das erste Kollegium der Moral das Gott dem Menschen las, und dabei sollte es bleiben. Umgekehrt also die Trödelbuden und Wechslertische der Philosophischen und Theologischen Moral Verkäufer die uns gern zu nichts machen wollten, um uns gut zu machen die den Tod des Sünders wollen da Gott nur will daß er sich bekehre und lebe — Diese Konkupiscenz ist meine herrlichste Gabe, nur behaltet sie ungeschwächt als ein Gefäß mir zu Ehren, behaltet sie lebendig — damit sie euch durch eine Ewigkeit bekleide, damit ihr eine Glükseeligkeit ohne Ende damit auslösen könnet. So bald ihr aber esset — eure Velleität der Konkupiscenz nachgiebt so wird diese Konkupiscenz nach kurzem Genuß eines ihrer nicht würdigen Gutes, immer enger zusammen schrumpfen, immer weniger begehren, sterben — Leerer entsezlicher Zustand, ihr begehrt, wünscht, hofft nichts

B

mehr, ihr kehrt in Staub und Verwesung zurük, ihr sterbt des Todes.

Nun aber Gott ist allmächtig, der überschweng-lich thun kann. Christus sein schaffendes Wort, kam in die Welt, euch ein Vorbild aufzustellen, studirt euch in **seinen Sinn** (nicht Natur) hinein, so voll Liebe zu Gott und Menschen, so voll Demut, ausharrender Geduld und Hof-nung — nur wenn der todte Rebstok auf diese Weise in diesen Weinstok eingepfropt worden, kann er wieder Frucht bringen (wird er wieder frei, kan er wieder handeln) und Gott wird kommen und Wohnung bei ihm machen, * der Geist der die Wasser des Chaos erregte, wird eure ursprüngliche Kräfte wieder aufregen, neu erschaffen, **wiedergebehren** — genug gesagt! Wer noch Ohr hat, der höre!

Wie das aber zugehe? Mensch, warum willst dus ergründen? Willst du mir nicht auch ad oculum demonstriren, wie Gott aus Nichts habe alles machen können? — Weiter! Warum har-rest du auf Wunder? auf einen ausserordentlichen Schlag an deine Seele? Alles geht nach Gottes ewiger Ordnung, in nothwendiger Continuität

* Sieh die Stelle im Zusammenhang.

fort, Wunder wären Lücken, Sprünge, soll Gott die deinetwillen machen? Nur der Teufel verwieß die ersten Eltern auf solchen Sprung: esset — und ihr werdet sein wie Gott. So verstekt sich noch hinter diese Begierde nach dem Ausserordentlichen unser Erbschaden, die zwei Bleigewichte der Materie die unsere emporsteigende Vellcität herabziehn, Trägheit und Furchtsamkeit, die eine will nichts thun, die andere nichts hoffen und das Resultat von beiden ist Ungedult. Wir möchten gern wie Würmer in müßigen Spekulationen oder Phantasien sanft eingesponnen im Knoten liegen bleiben, nie uns zum Schmetterling entfalten, der dem Himmel entgegen fliegt.

Also frisch empor, mein Freund! der du deine Schätze verschwendt hast und mit leerem Beutel — wie Phanias — gähnend rufst: es ist alles eitel — es ist alles verloren — ich verlasse mich auf Gottes Barmherzigkeit; ist dir das Nichts — die öde und leere Tieffe so reizend? — Position — du hast eine Ewigkeit im Gesicht — warum willst du zur Pflanze oder Mineral zurük verwesen? Dis ist Hölle, mein

Freund! denn bedenke, welcher Glükseeligkeit du
quitt gehst —

Wieder einmal gewollt! empor dich gearbei=
tet, nach den leichtesten Gesetzen, die du
nur finden kanst : Gott wird deine Bemühungen
unterstüzen. Nur dem Knecht, der sein noch
übriges Pfund anwendet, wird mehr gegeben
als er hat — der andere kehr' ins Chaos zurük
aus dem er zur neuen Schöpfung hervor hätte
gehen können, vergrab es tief im Schweißtuch —
und sterbe des Todes. Dich Gott deinen Herrn
nicht furchtbar gedacht, dieser Sonne die über
Gerechte und Ungerechte scheint, deine kranke
Konkupiscenz entgegen gewendet, daß sie wachse
Stunde für Stunde, Tag für Tag, in Ewigkeit.
Geistige Vergnügungen gesucht, des Fleisches Ge=
schäfte getödtet, alle subjective mit der objectiven
Schönheit verglichen und nur in dem grossen
Verhältniß zu ihr genossen. Dann auch
gehandelt, o wie göttliches Vergnügen ver=
breitet jede freie Handlung, um dich herum gear=
beitet, so weit du reichen magst, auch bei andern
dies Lebensfeuer wieder anzuzünden, das unser
Prometheus vom Himmel brachte und von dem
er wünschte: wollte Gott es brennte schon. Nach

seinem Beispiel dich deinem Nächsten mitgetheilt —
aufgeopfert — wer so sein Leben verliert, der
wird es erhalten —

Ich sinke — — die leichtesten Geseze
nach welchen diese Besserung, dieser Erwerb der
höchsten Realität vor sich geht, dem Gott seine
unmittelbare Unterstüzung versprochen hat — sind
die Geseze der höchsten objektiven Schönheit,
oder vielmehr der von Gott geordneten Na=
tur — die in Christo Jesu realisirt wurden.

Zweites Supplement.

Was der Baum des Erkenntniſſes im Garten, das iſt uns das Geſetz, welches verbietet,
das heißt, unſerer Konkupiscenz die gehörigen
Einſchränkungen zur allgemeinen Glükſeligkeit
giebt. Von der Art ſind die zehn Gebote, ſo
wohl die, welche wir zur Norm beibehalten, als
die dem Jüdiſchen Volk ins beſondere gegeben
wurden, im gleichen alle bürgerlichen Geſetze die
der Geiſt der Geſellſchaft zur Beförderung ihres
Wolſtandes erfunden und denen wir uns unterwerfen, ſo bald wir an dieſem Wolſtande Theil
nehmen. Die Geſetze alſo überhaupt ſind die
Urſachen aller unſerer Handlungen, ſo wie es
das erſte Geſetz oder Verbot Gottes im Garten
von der erſten Handlung war, ſie ſind aber nur
die gelegenheitlichen nicht die wirkenden Urſachen davon, die liegen bloß in unſerer Willens-
freiheit, welche durch jene nur in Bewegung
geſezt wird. Da aber alle Geſetze eigentlich
nur verneinen, Handlungen verbieten, die die

allgemeine Glükseeligkeit stöhren, so giebts eigentlich nur zweierlei Handlungen, gesezwidrige,
die dem Verbot grad entgegenlauffen, oder
ethische, die über das Gesetz erhaben, die allgemeine Glükseeligkeit nicht nur nicht stöhren, sondern befördern und stuffenweise erhöhen, diese
haben eigentlich allein in den Augen Gottes einen
Werth, und sind von ihm mit den reinsten und
himmlischten Empfindungen vergesellschaftet worden, deren Dauer wir in der That Seeligkeit
nennen mögen. Die erste Art von Handlungen
nennen wir böse, die andere gut, und nach
ihrer höhern Abstuffung schön, edel, fürtreflich,
englisch, göttlich — diese Art von Handlungen,
anstatt der unnützen, verneinenden, gesezmäßi-
gen, die weder unser noch anderer Glük befördern und also lieber Unthätigkeit als Handlungen
heissen mögen (wie das Beten, Fasten, Allmo-
mosengeben der Pharisäer) — einzuführen, war
der Hauptzwek der Lehre Christi und des göttlichen Beispiels mit dem er sie unterstüzte. Diese
Lehre nannte er die frohe Botschaft, das Evangelium, weil sie uns die einzigwahren Quellen
einer Glükseeligkeit eröfnet, die sich boshafte und
unthätige Personen nicht einmal dunkel denken

können. Und diese Glükseeligkeit müssen wir Christo
auf sein Wort glauben um sie zu erfahren,
darum drang er so sehr auf Glauben, sie läßt
sich nicht anders der Idee darstellen, als unter
der Bedingung, daß man Handlungen thue,
die solche Empfindungen hervorbringen. Daher
rüstete Gott diesen Propheten mit Geist aus mehr
dann seine Gesellen, daß er mächtig an Thaten
und Worten umherzog, lehrte, gesund machte
die von Krankheiten und Teufel überwältigt waren, wohl that, sein Leben ließ fürs allgemeine Wohl — und mit herrlicherm Leibe ent-
stieg er dem Grabe, erfreute die Seinen und
wurde von ihnen erfreut — angebethet * —
sah den Himmel offen — und von Gott erhöht
zu seiner Rechten — (welche Glükseeligkeit —)
ließ er einen Namen nach der über alle Namen
ist.

Wie? hebt denn nun dies Evangelium das
Gesetz auf? das sei ferne. Ohne Gesetz wäre
kein Evangelium möglich — folglich auch keine
Glükseeligkeit, denn nur das Gesetz zeigt uns
die Verhältnisse in denen wir uns befinden, und
nur diese können Handlungen einen Werth und

* Siehe die Erscheinung dem Thomas.

den sie begleitenden Empfindungen ein Vergnügen
beilegen. So muß ich zum Beispiel erst wissen,
daß es recht ist seinem Wohlthäter wohl zu thun,
bevor ich den Werth und die Wolluſt einer
Wohlthat empfinde, die ich meinem Feinde er-
weiſe. Ein jedes Geſez alſo (wir nemlich nennen nur das Geſez was zur allgemeinen Ordnung, Verhältnis und Glükſeeligkeit etwas beiträgt, mag es ſo gering ſcheinen als es wolle *)
iſt unendlich ſchäzbar, mag es nun göttlich oder
menſchlich ſein, weil es neue ethiſche Handlungen veranlaßt, von denen wir ohne daſſelbe
keine Idee haben würden, indem dieſe ohne
jenem weder Werth noch Wohllaut haben können, ſo wenig als man Muſik auf einem In-
ſtrument machen kan, das nicht geſtimmt iſt.
Glaube nur nicht der du das Geſez verachteſt,
du könneſt jemals wahre Empfindungen der Glükſeeligkeit herausbringen, Diſſonanz bleibt Diſſonanz du magſt dein Ohr noch ſo ſehr zu
überreden ſuchen, das iſt nur für den Augenblik, halte ſie durch zwei, durch zehn, durch tau-
ſend aus — o wie wirſt du das Maul für
Freude verzerren, und die Flügel der Morgen-
röthe wünſchen vor dir ſelber zu lauffen. Daher

* Matth. v. 19.

dürfen die boshaften oder die faulen keine Empfindungen durch empfinden, sie trauen nicht,
die Dauer ist ihnen eine zu fürchterliche Probe
und sie schwimmen lieber über der Oberfläche
von hundert flüchtigen erkünstelten Empfindungen wie Kartemänner fort, als daß sie sich in
eine wahre untertauchen sollten.

Sehen Sie aber jezt die Weisheit Gottes
nicht allein gerechtfertigt (das Wort ist arm)
sondern in ihrer vollen Herrlichkeit — daß
er Christum den Boten aller Freude in und
aufser unserer Welt — erst da in die Welt
schikte, als der Geist des Menschengeschlechts
sich durch mannigfaltige lange Erfahrungen ein
allgemeines Gesez — eine so ziemliche Idee
von den Pflichten jedes Individui zur Glükfeeligkeit des Ganzen, gebildet hatte. Vorzüglich
hatten die Juden diese theils durch die reinsten
mündlichen Traditionen geerbt, theils unter der
Theokratie durch Gottes gesezgebendes Werkzeug
Mosen erhalten, theils auch durch die aller ein-
leuchtendsten Erfahrungen von verhältnißmäßigem
Glük und Unglük, erworben — darum wurden
sie das Volk unter welchem Christus zu erst
sein grosses Katheder aufschlug. Sie hatten

den kürzesten Weg zu machen, von der negati=
ven Glükseeligkeit des Gesezes, zur positiven
Glükseeligkeit des Evangeliums überzugehen. —

Aber, wer kan es denn halten das Gesez? —
so sagen die schwärmerischen Andächtler mit den
von ihnen verketzerten Freigeisteren so ganz wie
aus einem Munde. Wohl, wenn diese Frage
aus einem zarten Gefühl auch der kleinsten Ab=
weichung davon und aus einem aufrichtig beküm=
merten Herzen kommt — alsdenn ist sie schon
beantwortet. — μετανοειτε — verändert euren
Sinn, erhebt ihn, trachtet von ganzem Herzen,
das geschehene zu verbessern — und alsdenn „glau=
bet an das Evangelium „ ihr habt einen Gott,
der mißlungene Versuche nicht mit dem Tode
bestraft, sondern mit Leben, ewigem Leben,
wenn sie nur fortgesezt werden. Bedenkt daß
ihr auf der Bahn der Glükseeligkeit steht, auf
der euch euer Vater will — wenn ihr davon
zur Seite abgeht, wegirrt — schade für euch,
ihr geht vergebens, ihr geht verloren —
ihr erreicht nie, was ihr sucht, müßt euren Weg
wieder zurük machen, müßt's wieder da anfangen
wo ihrs gelassen habt. Was ist dabei zu thun,
der Weg ist einmal derselbe und wird derselbe

bleiben in Ewigkeit, Gott kan, will, und wird ihn um eurer Bequemlichkeit willen nicht verändern. Eure gekünstelten Reuen, eure Ergreiffung des Verdienstes Christi, alle eure schönen Träume und Eingebungen sind umsonst, wenn ihr nicht Christi Sinn annehmt, wer den nicht hat, den erkennt er nicht, und wenn er tausendmal Herr zu Ihm sagte und wenn er in seinem Namen Teufel ausgetrieben hätte. Wenn ihr mit Menschen = und Engelzungen redt, und könnt weissagen, und lasset euren Leib brennen — und habt der Liebe nicht, so seid ihr tönendes Erz und klingende Schellen, alles ist euch unnüz, denn ihr werdet gerichtet werden und seid schon jezt gerichtet vor Gott, nicht nach dem was ihr geträumt habt, sondern was ihr gehandelt habt bei Leibes Leben, es sei gut oder böse.

Also — das Gesez studirt — und das Evangelium ausgeübt — das giebt glükseelige Menschen — nach dem Verhältniß glükseeliger, nachdem sich ihre Handlungen über das Gesez, über die Regel des Rechts erheben. —

Drittes und leztes Supplement.

Unsere Konkupiscenz soll also befriedigt werden — denn Gott hätte sie uns sonst nicht gegeben — aber nur in der vom Gesez vestgesezten Ord-nung, denn das Gesez ist die Lehre von den Verhältnissen, welche allein das Maaß von Rea-lität bestimmen, das wir zu erreichen suchen sollen, und unsere Vernunft ist das Vermögen, diese Verhältnisse einzusehn — das nun freilich bei vielen Individuis noch fast gar nicht bearbeitet und geübt ist, aber es doch werden könnte und sollte. Denn unsere Bestimmung ist die höchste und verhältnißmäßige, oder individuelle Realität. Diese wächst und nimmt zu nur nach dem un-veränderlichen Gesez unsers Schöpfers wel-ches wir einsehen lernen müssen. — Alsdenn werden wir verstehen, was da sei der innere Mensch, welcher sich in dem äussern Menschen bildet und welchem seine vollkommene Consistenz zu geben, wir nichts von den Gaben

verlieren müſſen, die der groſſe Aller-
ſchaffer in uns gelegt hat. Jede geſezwidrige
Befriedigung unſerer Konkupiszenz aber ver-
ringert — und zerſtört ſie am Ende — und
was ſoll denn das Reſidium bleiben, wenn der
Keim verdorben worden, woraus ſoll der Baum
aufſchieſſen, woher die Blätter — wo endlich —
dann darauf ſolls doch eigentlich abgeſehen ſein —
die Früchte zur allgemeinen Glükſeeligkeit zur Befriedigung der Ehre Gottes an ſeinen Geſchöpfen,
hervorkommen?

Die Lehre von den Verhältniſſen iſt die
groſſe Lehre unſerer Glükſeeligkeit. So bald
wir durch unſere Einbildungskraft uns aus dem
Verhältniß heraus ſezen, indem wir uns gegenwärtig mit der ganzen Sammlung unſerer Fähig-
keiten befinden, ſobald gehn wir auf dem Wege
der Glükſeeligkeit irre. Und dieſe Gemüthsverfaſ-
ſung nennen wir Eitelkeit oder Hochmut. Schi-
mären können keine wahre Empfindungen geben
und nur wahre Empfindungen dauren — und
geben in ihrer Verbindung und Folge Seeligkeit.
Falſche Empfindungen täuſchen nur augenbliklich
und unſere Seele die ſich mit Widerſtand zu ihnen
herauf gearbeitet, ſinkt hernach in eine öde und

leere Ohnmacht dahin, die mit Wahrheit Unseligkeit mag genennt werden.

Die Vernunft ist das Vermögen Verhältniße einzusehn. Die Einbildungskraft sieht kein andres Verhältniß richtig als durch die Vernunft.

Der Eigendünkel der Hochmuth sezen uns allemal aus unserm wahren Verhältniß heraus, in ein falsches und eingebildetes, das für einen Augenblik zweifelhaften Vergnügens uns lange sterile Augenblike giebt — und in der Folge immer sterilere, je weiter wir uns von unserm wahren Verhältniß mit Gewaltsamkeit zu entfernen suchen. Alle solche Leute werden mager, schaal und schwindlicht und kriechen unglükseelig am Boden in dem sie sich über den Wolken meinen.

Der Stolz — artet leicht in Hochmut aus, er ist eine Schlange, die man im Busen nicht erwärmen darf, ohne daß sie uns selbst verleze. Dieser Stolz begleitet allemal die schönsten Tugenden am nächsten. Das Bewustsein einer edeln Handlung geht allemal in ein wahres Gefühl unsers Werths — und aus diesem leicht in ein falsches Gefühl eines eingebildeten Werths über. Dieses vertroknet den Strohm unserer Glükseligkeit an der Quelle, macht daß wir zu künftigen guten, schönen und edlen Handlungen vollends untüchtig werden.

Wie nöthig war es also, da vorzubauen?

Wie nöthig ist also die Lehre von der freien Gnade Gottes, die durch Jesum Christum geschehen ist, die den Grund alles dessen enthält, was wir Gutes, Schönes und Edles hervorbringen, den Grund unserer ganzen Seeligkeit. Wir werden ohne Verdienst gerecht — Sünder wie wir sind, erbarmt sich Gott über uns, liebt uns, will uns glüklich machen, so gut als jene Gerechte die der Busse, der Sinnesänderung nicht mehr bedürfen, deren geheimste Gedanken aber sie um gewisser Handlungen willen vergöttern, und eben dadurch unglüklich machen. Seid von Herzen demüthig, (um glüklich zu sein) sagt Christus und gieng beim Fußwaschen mit seinem Exempel vor. Denn es ist eine Gleichheit unter allen Menschen, so ferne sie alle Geseze desselben Wesens, alle zur höchsten Glükseeligkeit erschaffen, alle beruffen sind. Aber wenige sind auserwählt, wenige werden so glüklich — und dasselbe liegt nicht einmal an ihrem Wollen oder Lauffen, sondern an Gottes Barmherzigkeit, so müssen sie sich die Sache vorstellen

oder

oder sie werden wieder unglüklich, aus ihrem
verzagten Herzen wird ein trotziges, sie schwel-
len von Hochmut auf wie Lucifer und fallen aus
dem Himmel in die Hölle — Meßt euch doch
nie an andern Menschen, meine Brüder — daß
ich nicht bin wie jener Zöllner — meßt euch am
grossen Archetypus aller Vollkommenheit, da
habt ihr ewig zu messen und bleibt ewig nichts
gegen alles.

Anmerkung.

Die lohnsüchtige Tugend ist immer noch keine
ächte Tugend. Jesus Christus hat unserer Tugend die höchste Läuterung geben wollen, da er
ihr allen Lohn absprach, und wahrhaftig nur
eine so uneigennüzige Tugend kann die süssesten
Empfindungen geben. Die Tugend soll sich selbst
belohnen und wir sie um ihrer selbst willen lieben, Gott belohnet uns dem ohngeachtet, aber
es ist ein unabverdienter, ihm willkührlicher,
Gnadenlohn, um eines fremden Verdienstes
willen. Nicht schöner hat das Häßliche einer
lohnsüchtigen Tugend können vorgestellt werden,
als in dem Gleichniß von den Arbeitern im Wein-
berg, wo gewisse Tugendhafte scheel sahen, daß
C

Gott andere glüklich machte, welches doch gerade
wieder den Geist aller Tugenden ist, welche ins-
gesamt nur darum evergiren, um in die Peripherie
der allgemeinen Glükseeligkeit zusammen zu fliessen.
Aber dieser Sinn dieses Gleichnisses wollte nicht
in den Sinn der hochgelehrten Bibelausleger und
Prediger hinein, sie suchten also lieber einen sehr
dunklen, tieffen und entfernten, von ich weiß
nicht was für Trennungen und Neid der neuen
jüdischchristlichen und heidnischchristlichen Kirche,
als ob Christus ein Wort gesagt hätte, das nicht
auch für uns Unterricht, Wahrheit und Seeligkeit enthalten. Christus redte nie lokal, er der
mit einem Blik die Tieffen der Zukunft über-
schaute, wußte was jedem Menschen in jedem
Zeitalter unter allen Umständen heilsam war.

Diese uneigennüzige, unehrgeizige, ver-
borgene Tugend ist die lezte Stuffe zur
Seeligkeit. O wenn die Schuppen von unsern
Augen fielen und wir im Stande wären, sie
nakend zu sehen: ihr in der That himmlischer
und englischer Reiz würde uns dergestalt bezau-
bern, daß wir von ihren Strahlen trunken
anbetend vor ihr auf unser Angesicht hin sinken
würden und mit Petro stammlen: ach hier ist

gut sein. Diese Tugend hat uns Christus in seiner göttlichen Bergpredigt vorgezeichnet und mit seinem Lebenswandel vollends ausgemahlt aber nur drei Jünger waren fähig, sie in ihrer völligen Verklärung zu sehen. Lesen Sie die Bergpredigt, meine Herren, und wenn sie diese himmlische Ahndung, dieses süsse Schauern durch ihren Busen zittern fühlen, so steigen sie mit Christo vom Berge herab und versuchen, ihm nach, wohl zu thun. Jeder nach seinen Kräften und den Verhältnissen in denen er sich befindet und seiner Vernunft die diese Verhältnisse einsieht. Hüllen Sie sich ein in ihre Tugend und wenn Niemand Zeuge davon wäre und jemals davon werden könnte, als die leblose und stumme Natur und der alles erfüllende Geist der sie bildete. O welch ein menschlicher Beifall könnte dem Beifall dieses unaussprechlichen Wesens gleichkommen — und Engel werden Ihnen mit lüsternen Tränen zulauschen und sich freuen, daß ein menschliches Geschöpf sich durch seine Tugend verengelt.

Anhang.

Einige Zweifel über die Erbsünde.*

Ich bin kein Theolog, ihr Herren, das heißt
ich bin in keiner Dogmatik initiirt, will auch
nicht glauben was andere vor mir geglaubt haben, sondern was Gott durch die heiligen Män-
ner zu meiner Glükseeligkeit mir hat aufschrei-
ben lassen. Also alles das bei Seite gesezt was
Gelehrte und Ungelehrte jemals über diese Materie können gesagt haben, find ich bei aufrichtiger
Prüfung vor dem Angesicht Gottes, des einzigen
höchsten und besten Zeugen der Wahrheit, daß der
hergebrachte Begrif von Erbsünde, Erbübel, weder

---

* Die im Grund nur ein Phantom treffen. Denn die
wahre, die sich in den auf die Kinder in der Orga-
nisation fortgeerbten Anlagen zu all den Lastern
äussert, die den Eltern in der Zeugungszeit eigen waren, wird unsern Theologen kein Freigeist und Phi-
losoph abstreiten, dessen Gehirn nicht in der Flamme höllischer Leidenschaften so hart worden, daß es
nur etwa noch als Kiesel im Feuerzeug seiner Köchin
zu brauchen ist.

Anmerkung des Herausgebers.

keiner Ehre und Verherrlichung zuträglich, noch
mir oder irgend einem meiner Nebenmenschen
wozu nüzlich, hingegen höchst schädlich und der
allgemeinen Vervollkommnung und Glükseeligkeit
des menschlichen Geschlechts hinderlich sein könne.
Was soll ich also dabei thun? Schweigen? dazu
spühr' ich izt keinen Beruf, da die Gegenparthei
allenthalben so überlaut ist. In einer Gesellschaft
guter Freunde darf man doch wohl einmal grade
zu seine Meinung sagen.

Mich deucht immer diese Lehre gehört mit
zu dem infelix lolium, das auf dem Boden des
ächten und wahren Glaubens gewachsen, weil
der Feind seine Aftersaat dem guten Sämann
nachgestreut. Ausreuten will ich nicht, behüte
mich der Himmel, dazu bin ich der Mann nicht:
aber nur mit dem Finger hindeuten, wo ich Un-
kraut sehe, oder vielleicht auch nur zu sehen
glaube. Ist es denn auch vernünftig anzuneh-
men, daß der erste Mensch durch einen Fehltritt
alles das wieder habe verderben und verhudeln
können, was der allmächtige Schöpfer weis und
gut geschaffen. Die eifrigen Anhänger der Erbsünde glauben sogar, daß auch das Vieh und die
leblose Welt an dem Sündenfall Adams Theil

genommen. Welch ein gigantischer Aberglaube!
Wie sind doch die Mächte so stark die uns ab-
halten wollen Wahrheit zu sehen! Gewiß die
menschliche Vernunft konnte ohne Spiel und Ein-
mischung fremder böser Geister auf so ungeheure
Abwege nicht gerathen.

Lassen sie uns von allen kindischen von Jugend auf eingepflanzten Vorurtheilen und vorge-
faßten Meinungen unbefangen in die Bibel sehen.
Ich finde in der ganzen Erzählung von dem vermeinten Fall Adams keine Spur von Erbsünde.
Gott hatte ihm den einen Baum verboten unter
der Drohung, so bald er davon äße, werd er
sterben, das heißt sterblich werden, denn sonst
müßte Adam noch den ersten Tag seiner Existenz
gestorben sein. * Er aß und ward sterblich, ward
aus dem Garten gejagt wo der Baum des Lebens stand dessen Frucht ihn unsterblich hätte
machen können, und der Weg zu diesem Baum
ward mit einem flammenden Cherub verwahrt.
Kein Wort noch von Adams Nachkommen. Daß
der sterbliche Mann nichts anders als sterbliche
Kinder zeugen konnte, sei es auch wahr, aber
ist das einerlei, sterblich sein und ein Sünder
sein? Jezt lassen Sie uns die Parallelstelle im

* Wenn er den ersten Tag davon gegessen hätte.

neuen Testament dazu nehmen, die Hauptbrust=
wehr unsrer Gegner. Paulus in seiner geist=
reichen und philosophischen Sprache wollte gern
in der Gemeine von Rom Fried und Einigkeit
herstellen, den Juden ihren unvernünftigen Hoch=
muth benehmen, als ob sie wegen des Gesetzes
grössern Theil an dem verkündigten Evangelium
hätten, seine Hauptabsicht in der Epistel an die
Römer also ist zu zeigen, daß wir alle Sünder
sein und als Sünder durch den Glauben alle
gleichen Antheil an der durch Christum verkün=
digten Gnade Gottes und Vergebung der Sünde
hätten: Lesen Sie die ganze Epistel aber ohne
Glossen, Sie werdens finden. Und hundert
Stellen werden Ihnen licht werden, wenn sie
bedenken, daß Paulus vorzüglich dazu ausersehn
war, ein Apostel der Heiden zu sein und ihnen
mit den Juden gleiche frohe Bottschaft zu pre=
digen. Da sagt er nun im fünften Capitel im
zwölften Vers, dem dictum probans der Erb=
sünder — was sagt er? daß die Sünde zu allen
Menschen durchgedrungen? Nicht wahr — wie
durch einen Menschen die Sünde in die Welt
kommen und der Tod durch die Sünde — von
wem ist hier die Rede? lieber sperrt doch die

Augen des Verstandes auf! von dem einen Men=
schen, und ist also der Tod zu allen Menschen
hindurchdrungen nicht die Sünde, und warum
ist der Tod durchdrungen? weil sie alle gesün=
digt haben. Was ist das? gesündigt haben?
nicht die wirkliche Sünde? welcher böse Dämon
lehrt hier die Leute von Erbsünde träumen? Nun
und weiter. Die Sünde war auf der Welt bis
auf das Gesez, aber man achtete ihrer nicht,
weil noch kein Gesez da war, das sie für Sünde
erklärte, sondern der Tod herrschte über die
Sünder ohne daß sie wußten wie oder warum,
denn der Tod ist der Sold und die Folge der
Sünden, und zwar herrschte der Tod auch über
die, die sich nicht der nehmlichen Sünde schuldig
gemacht, als unser Vater Adam — und zwar —
iezt merken Sie auf — dieser Vater Adam war
gleichsam ein Bild des Menschen der zukünftig
war — jezt geht die Allegorie an wo Christus
und Adam immer parallelisiret werden — so wie
durch Adam viel sterblich geworden sind und zwar,
geben Sie auf die Wort acht, so wie viel an
der Sünde Adams gestorben sind, so sind
noch vielmehr durch Christum lebendig worden.
Hier ist jedes Wort Feuer und Leben, Gewicht

und Spieß und Nagel. Aber sagt er, sie sind
sich nicht einmal parallel, Adam hat lang nicht
so viele, merken Sie's, so eine grosse Anzahl
Menschen durch seine Sünde und deren Beispiel
verderben können als Christus wieder hergestellt,
errettet und ins ewige Leben gebracht hat. Nennen Sie jezt Sünde (wie ich sie denn nicht anders zu nennen weis oder ich müßte eine Quid-
dität draus machen) eine Handlung die mich in
der Folge unglüklich macht — und die ganze
Stelle wird Ihnen klar und deutlich, Licht, Geist,
und Leben. Wo keimet da aber nur ein Spröß-
chen von dem ehrwürdigen altväterischen Begriff
der Erbsünde in dem ganzen Capitel und der
ganzen Epistel hervor?

Lassen Sie uns izt einen andern Beweisspruch
aufschlagen und ich bin versichert, er wird eben
so viel wider die Erbsünde beweisen, als unsre
Gegner darinn für dieselbe aufsuchen.. Es ist
der, da Gott Noahs Opfer roch und ihm die
Gnaden Verheissung gab: (1 B. Mos. 8. 21.)
Ich will fort nicht mehr die Erde verfluchen um
des Menschen willen, denn das Tichten und
Trachten des Menschen ist böse von Jugend auf:
da scheint es nach der Uebersezung, als ob das

denn eine Entschuldigung des Menschen bedeute
und das ist doch grundfalsch.   Die unter Ihnen
hebräisch verstehen wissen, daß das (ן) Vau der
Ebräer mehr Bedeutung habe, als denn, es heißt
auch weil, darum, daß und nun muß das Comma,
des menschlichen Herzens Tichten ꝛc. durchaus
nicht auf das gezogen werden: Ich will fort die
Erde ꝛc. ꝛc. sondern auf das: um des Menschen
willen und heißt dies so viel, ich will nicht mehr
die Erde verfluchen um des Menschen willen weil
sein Tichten und Trachten so bös ist, gradweg:
und daß das durchaus so und nicht anders con=
struirt werden muß, sehen wir aus dem sechsten
Capitel, fünften Vers, da eben das was hier
die Entschuldigung des Menschen machen soll, als
die Ursach angegeben wird warum Gott die Sünd=
fluth geschikt und sie gestraft habe: da aber der
Herr sahe daß ihre Bosheit groß war und all ihr
Tichten und Trachten bös immerdar, da reute
es ihn, daß er sie geschaffen hatte — ey gütiger
Gott, ihr Herren Erbsünder, was konnten die
Menschen dafür? war es ihnen doch angebohren.

Nicht wahr also daß das böse Tichten und
Trachten des menschlichen Herzens Erbsünde ist,
es ist so gut wirkliche Sünde als Hurerei, Mord

und Ehbruch und heißt euch keiner so zu tichten
und zu trachten, wenn ihrs nicht selber wollt.
Da liegt der Schaden, da liegt der kranke Flek
der so weh thut wenn man euch drauf fühlt.
Da haben unsre fromme Kirchner uns die faulen
Gräber so schön übertüncht, daß es eine Lust ist,
daß nur ja niemand ihre Todtengebeine aufrühre,
ja niemand versuche Leben in sie zu hauchen.
Nur die Ausbrüche des bösartigen Geistes und
zwar die recht groben werden ins Sündenregister
geschrieben; als ob nicht jeder böse Gedanke eben
so gut eine Handlung unsers Geistes, eine eigen=
thümliche erworbene nicht angeerbte Handlung
unsers Geistes sei, als die durch eine Reihe böser
Gedanken vorbereitete und durch die Gelegenheit
zur Reiffe gekommene That.

Die lezte Stelle ist die im Bußpsalm Davids
über den begangenen Ehbruch und Mordthat:
nun ihr Herren, wer die aus der Erbsünde her=
leiten will, muß eine sonderbare Idee mit den
Worten Schuld, Strafe und Verzeihung ver=
binden. Entweder giebt es gar keine wirkliche
Sünde, oder ihre Quelle kan nicht aus der
Erbsünde hergeleitet werden, weil sie sonst un=
möglich uns könnte imputirt werden. Ganz von

andrer Art muß die heimliche Weisheit sein, mit
der sich David tröstet, wodurch er wieder ent-
sündigt werden könne, als die, daß er ja nichts
dafür gekonnt, daß er ja die Anlage und Fähig-
keiten zu diesen Sünden von seinen Eltern geerbt.
Nein er bittet Gott seine Sünden zu vergessen
und ihm ein rein Herz zu schaffen, einen neuen
gewissen Geist zu geben, nachdem sein Herz
durch Begierden selbst verunreinigt, seinen Geist,
seine Kraft wankelhaft gemacht und straucheln
lassen. Was da steht: ich bin aus sündlichem
Saamen gezeugt, soll gar keine Entschuldigung
oder Apologie für sein Verbrechen sein — der
heimliche Sinn, der in diesen Worten liegt —
darf ich meine Gedanken drüber äussern? — Es sei
gewagt — David bittet Gott seine Unzucht ab
und zwar sagt er: an dir allein hab ich gesündigt — und zwar in wie fern indirecte an Gott
allein? Der Nachsatz erläuterts: auf daß du
recht behaltest in deinen Worten und rein blei-
best, wann du gerichtet wirst. Er redt hier die
Persohn Christi an, sieht, es möchte diese Schuld
nicht auf die Linie haften, aus der einst der Messias sollte gebohren werden, der ihm und seinem

Saamen verheißen war. Siehe, * ich bin aus
sündlichem Saamen gezeugt, mich hat meine Mutter in Sünden empfangen. So ist es mir itzt
mit Bathseba gleichfalls gegangen, wie wenn
aus diesem sündigen Geschlecht der unsündige
Messias sollte geboren werden — du hast mir
die Verheissnng gethan ohnerachtet ich aus sünd-
lichen Saamen gezeugt war, aber nein, du
lässest mich wissen die heimliche Weisheit, du
entsündigst mich mit Ysopen, du tilgst alle meine Missethat. Daß in dem ganzen Psalm diese
Empfindung durchgeht, zeigt offenbar der Schluß:
ach sagt er ich möchte dir gern Opfer für diese
meine böse That bringen, aber du hast nicht
Lust daran, die Opfer die dir gefallen sind ein
betrübtes reuiges Herz, thue wohl Zion nach
deiner Gnade, baue die Mauren zu Jerusalem,
denn — denn werden dir die Opfer der Ge-
rechtigkeit gefallen, die Brandopfer und ganzen
Opfer, denn wird man Farren auf deinem Altar
opfern — hier ist Weissagung zugleich aus voller

---

* Es scheint, David habe befürchtet, Gott werde wegen dieses Fleckens den er auf seinen Stammen gebracht,
  die Verheisung zurückziehen, daß der Meßias aus demselben sollte gebohren werden, und liegen in dem
  דוד zwey drey Bedeutungen auf einmal zusammen-
  gedrängt.

Empfindung, aus wallender warmer glühender
Brust gegen seinen Gott und Erlöser, der aus
seinem sündigen Saamen sollte gebohren werden —
und nun wird mir der ganze Psalm noch einmal
so ehrwürdig.

Unausgemacht also, welches die wirkliche
Sünde war, wodurch sich Adam und Heva um
die Unsterblichkeit gebracht, ob das der Unge-
horsam gegen den absoluten göttlichen Befehl,
oder der Hochmuth Gott gleich sein zu wollen,
oder auch der blosse Appetitus sensitivus nach
einer Frucht deren Schädlichkeit ihm bekannt
gemacht war, die vielleicht durch Zerreissung
des Damms der Unschuld einer ganzen Fluth von
andern sinnlichen Begierden den Weg öffnete —
oder auch alles dieses zusammen genommen, seis
was es wolle, so war es Handlung, wirkliche
Sünde, die ihnen zugerechnet werden konnte,
Handlung deren Folge sie unglüklich machte. Eben
so war in der Folge die Sünde Kains kein an-
geerbtes Uebel, sondern moralisch freier Ent-
schluß und Handlung, die er eben so wohl hätte
vermeiden können: welches Gott ausdrüklich an-
gezeigt, durch die Warnung die er ihm vorher
that: darum laß du ihr, der Sünde die vor

der Thür ruht, nicht ihren Willen, sondern herr-
sche über sie. Gewiß diese Stelle steht nicht
vergeblich da. Schon das Sauersehen Kains
zu Abels Opfer war Sünde, wirkliche Sünde,
darum strafte ihn Gott dafür: warum ergrimmst
du? warum verstellt sich deine Gebehrde? Nicht
wahr, du kannst fromm sein und denn bist du
mir angenehm, '" kannst aber auch nicht fromm
sein und denn thust du der Sünde schon die
Thür auf — aber auch noch steht es bei dir,
ob du ihr bis zum völligen körperlichen Ausbruch, bis zur That ihren Willen lassen willst
oder nicht. Er thats und ward gestraft — denn
Uebel und physisches Unglük mußte auf jedwede
böse That folgen, oder die Welt hätte müssen
untergehen. Also auf eure vermeinte Erbsünde
folgt Tod so gut als auf die wirkliche, da ist kein
Rath vor, ob nun gleich unmittelbar oder mit-
telbar und später hinaus während, ist einerlei
es ist immer Tod, versucht einmal zu leben,
das heißt versucht gut zu handeln, euren Geist
in der Ordnung Gottes zum Guten und der
Wahrheit wirksam sein zu lassen, bis er sich in
Thaten äußern kann, so werdet ihr von der
Erbsünde, oder der bösen Thätigkeit, der Ge-

schäftigkeit eures Geistes zum Bösen, in der eigentlich der Tod besteht, nichts zu beförchten haben.

Und meine Herren! Was ist denn auch für ein Unterscheid zwischen dem Gedanken den ich in meinem Busen n ä h r e, möcht' ich doch diesen oder jenen aus dem Besiz seines Glüks sehen können, möcht' ich doch dieses oder jenes Frauenzimmer auf eine unerlaubte Art geniessen können, möcht' ich doch über diesen oder jenen meinen Nebenmenschen hinauf rüken und ihn in Fesseln der Unterthänigkeit und des Gehorsams gegen meine kathegorischen Einfälle schmieden, das heißt ihn um seine Freiheit und ganze Glükseeligkeit des Lebens bringen können, was sage ich, ist für ein Unterscheid unter einem solchen Gedanken, dem nichts als die bequeme Gelegenheit fehlt zur That auszubrechen, und dem Ausbruch selber? Sezen wir also jenes auf die Rechnung der Erbsünde, nun wills Gott so sezen wir all die sieben Haupt = und = Todsünden auch darauf, es ist all eins. Und wir getrösten uns des Verdienstes Christi dabei, lassen das liebe Raupengespinnst in Ruhe und tödten nur die Schmetterlinge, wenn uns von ungefehr eines einmal

in

in die Hand fliegt und hoffen doch seelig zu werden,
wie unſre lieben Vorfahren ſeelig geworden ſind.
So wird die Welt noch lange ſtehen können:
noch lange können gepredigt werden, wir legen
oder falten lieber die Hände andächtig in unſern
Schooß, thun ein paar herzliche Seufzer über
unſre böſe Erbſünde, bis wir nicht mehr ſeufzen
können, der Tod uns auf der Zunge ſizt und
wir wie Sirach ſagt über unſern Wünſchen ge-
ſtorben ſind.

Mehr ſag ich nicht — Es wird eine Zeit
kommen — und wollte der Himmel ſie wäre
ſchon izt — da in die allerfinſterſten Raupen-
neſter Licht ſcheinen wird. Die Welt muß ſich
in ſich ſelbſt zerſtören, bevor ſie einſehen kann,
es könne ſich doch wohl in unſer Syſtem ein
Irrthum eingeſchlichen haben. Heil euch, die
ihr in Unſchuld und Frölichkeit wandelt vor dem
Antliz des Herrn. Seid ihr gefallen, ſo ſagt,
ich bin gefallen, aber ich ſtehe wieder auf, tröſte
mich wieder mit deiner Hülfe und ich will die
Uebertreter deine Wege lehren. Heil euch, die
ihr Luſt habt zur Wahrheit die im Verborgenen

D

liegt — zur Wahrheit, daß Gottes Gnade höher
als alle Erkenntniß und das ihr geschaffen seid,
nach Maaßgabe dieser Erkenntniß unaussprechlich
glüklich zu seyn.

Unverſchämte Sachen.

Der Geſchlechtertrieb, oder um das Kind
beym Namen zu nennen, der Trieb ſich zu gatten,
iſt einer von denen die am heftigſten und un=
widerſtehlichſten wirken, einer von denen die ſich
am wenigſten von allen menſchlichen Trieben,
der Vernunft unterordnen, oder dadurch leiten
laſſen, es ſey denn wenn ſie ſchon befriedigt,
und es alſo für diesmal zu ſpät iſt, einer von
denen, deren Befriedigung ſelber uns den ſchrök=
lichſten Folgen ausſezt und gemeiniglich nicht
eher vollſtändig ſcheint, als bis keine Kraft mehr
in uns übrig iſt, dieſen Trieb auszuſpannen, das
heißt bis der gänzliche Ruin und Untergang un=
ſers Körpers, oft auch der Seele ſelber durch
unſere heldenmäßigen Bemühungen bewirkt iſt.

So wüthen wir wieder uns ſelber. Das iſt
ſeltſam, m. H.! und ſollte uns faſt verſuchen,
wider den Schöpfer zu murren, der dieſen Trieb

so allgemein ausgetheilt hat, daß es scheint, er
habe uns allen, aus Reue daß er uns geschaffen
Dolche in die Hände gegeben, sein herrliches
Werk wieder zu zerstören. Das macht denn nun,
daß gewiſſe kurzſichtige Pygmäen von ſtörrigter
Gemüthsart, die wir bei ihrem Namen nicht
nennen wollen, weil ſie bei uns an ehrwürdigen
Plätzen ſtehen, das ganze Ding unter dem Namen Erbſünde, der zu allem Glük ihnen hier
noch zu Hülfe kommt, dem Teufel und ſeinen
Engeln zuſchreiben, und uns mit dieſem kurzen
Faden aus einem dädaliſchen Labyrinth führen
wollen. Sie deklamiren alſo aufs heftigſte wider
dieſen Trieb, deſſen Quelle ſie grades Weges
aus der Hölle herleiten, und wiſſen uns, wenn
der Himmel uns noch keine Frau beſchert hat,
noch auch Mittel, eine Frau zu verſorgen, keinen beſſern Rath zu geben, als uns um des Himmelreichs willen, zu verſchneiden, welches ſie
ſehr buchſtäblich erklären, wie es Pater Origi-
nes, ein unglüklicher Scholiaſt der Bibel, mit
ſeinem Beyſpiel beweiſt, ſie wiſſen uns, ſage ich,
bei dieſem unfreundlichen Rath kein beſſer Mittel vorzulegen, als das ∝∫☉ε∂∝, womit ſich
gewiß kein Freygeiſt, ja der bloſſe Weltweiſe

nicht einmal, abspeisen läßt, die gern das Warum? wissen möchten, höchstens nimmt man
aus unserm jetzigen Leben (und auch das haben
wir den Aerzten zu danken) den Bewegungs-
grund her, daß wir durch Stillung dieses Triebs
ja unsere Gesundheit zerstören, und uns die
schändlichsten Krankheiten zuziehen.   Das ist
etwas, aber mit eurer gütigen Erlaubniß lange
nicht zureichend, einem so heftigen Triebe, der
mit so mannigfaltigen und dem einzigen Vergnügen in seiner Art, begleitet ist, die Waage zu
halten.   Wenn die Menschen das Leben mehr
liebten als die Speise, so würden wir nicht Leute
sehen, wie wir sie täglich und allenthalben sehen,
die in dem Augenblik des Genusses von weit ge-
ringerm Vergnügen, als irgend einer Speise,
irgend eines Getränks den im Hinterhalt lauern-
den Krankheiten, ja selbst dem Tode trozten.
Die Stillung des Geschlechtertriebs wird in der
Stunde der Versuchung, auch wenn wir zu-
verläßig wissen daß sie üble Folgen für uns
haben wird, wie wir es immer wissen, dennoch
gegen Gesundheit und langem Leben abgewogen immer fort den Ausschlag geben, wir werden mit Gresset sagen: une éternité de gloire

vaut-elle un moment de bonheur? oder viel=
leicht gar mit dem enthousiastischen Ovid uns
den Tod während dieser Handlung wünschen,
wenn uns nicht eine dunkle Idee von Hölle da=
von abschröckt.

Es ist kühn, m. H! und ich nehme nicht
wenig auf mich, wenn ich hier Wolke auf Wolke
von Schwierigkeiten aufhäuffe, welche hernach
das Sonnenlicht der Warheit zerstreuen soll. Viel=
leicht scheitert mein zu hoch gewagter Flug, aber
auch Ikarus hat sein Verdienst, wenn wir dem
lateinischen Dichter trauen wollen, der allen
seines gleichen die gutherzige Grabschrift gesezt
hat: Magna tamen excidit ausus.

Die Allgemeinheit und die Stärke dieses
Triebs selbsten, die zwey Klippen an die unsere
Vernunft immer stößt, wenn sie die göttliche
Vorsehung über die Austheilung desselben recht=
fertigen will, sollten uns aufmerksam machen.
Es scheint als ob dieser Trieb ein Institut sey,
das die ganze Natur umfängt, um alles was
lebet, glücklich zu machen. Bis auf den gering=
sten Wurm hat jedes seine Freude, jedes seinen
Grad von Genuß und Glückseeligkeit. In Wahr=
heit ein Institut, das eines allgütigen Schöpfers

würdig iſt. Seine Sonne von beſeeligender und
beglückender Güte bis in die allerdunkelſten Hö-
len der geringſten Raupenſeele dringen zu laſſen,
welch ein Schöpfer! welch ein Vater!

Ferner ſcheint dieſes Inſtitut noch eine höhere und edlere Abſicht zu haben, (vielleicht noch
hundert, denn bey Gott iſt alles Abſicht und
wer hat in des Herrn Rath geſehen?) nemlich
diejenige, die Geſchöpfe die vermöge der in ihnen
lebenden Kraft geneigt waren ſich von einander
zu entfernen, hie und da herum zu irren, alle
Momente den Ort zu veraͤndern, vermöge der
ſich in ihnen äuſſernden Beweglichkeit, die der
Grundtrieb aller lebenden Geſchöpfe iſt und
ihre Hauptglükſeeligkeit ausmacht, diese Geſchöpfe einander wieder zu nähern, ſie mit einem
gemeinſchaftlichen Bande wieder zu verbinden,
das ſtark genug ſein mußte um jenen Trieb bisweilen zu überwinden und das unruhig herum-
ſchweiffende Thier auf gewiſſe Zeitlang auf einen
Ruhepunkt zu fixiren.

Hier, meine Herren! iſt die Quelle der Ge-
ſchlechterliebe, die ungleich edler als der Geſchlechtertrieb auch lippis & tonſoribus ſcheinen
muß, eine Quelle aus der die edleren Thiere,

die wir zahm nennen, weil ein gewisser Geist
des Menschen in ihnen herrscht, schon trinken,
aber unten an freilich wie das Schaaf in Phädri
Fabel, oben sind Plätze für höhere Gattungen
Geschöpfe. Ich möchte diese Geschlechterliebe ein
Vergnügen nennen, das ein Thier findet nur
einem Thier seiner Gattung auf einen gewissen
Zeitraum beizuwohnen, und andere Thiere, die
es einladen, stehn zu lassen, ein gewisser beson=
derer Zug — wie er sich zum Beispiel bei den
Tauben schon deutlich äussert, die ihre Ehe oft
unverbrüchlicher führen als der Mensch.

Doch alles dies führt mich zu weit ab. Ich
wollte Ihnen nur einen Wink geben, daß dieser
Geschlechtertrieb der in seinen Folgen so fürchter=
lich scheint, daß die blinden Eifferer seinen Ur=
sprung in der Hölle suchen, nicht allein von Gott
selber herrühre, sondern auch von ihm als ein
Seegen in die ganze belebte Natur gelegt, das
heißt, als ein vorzüglicher Beweis seiner Gütig=
keit gegen alles was lebet anzusehen sei.

Laßen Sie uns in die Bibel und in eins der
wichtigsten, vielleicht ins allerwichtigste Monument
des Alterthums zurückkehren, ich meine die Schö=
pfungsgeschichte Mosis. Nachdem der Mensch

geschaffen, der Ehstand eingesezt, Zwek und alles
vom Ehstande angeordnet und berichtigt war,
nemlich die wechselseitige Gehülfschaft: es ist
nicht gut daß der Mensch allein sei, eine Gehülf-
fin will ich ihm machen, die um ihn sei: nachdem alles das vorbei war, erst da kam Gott
mit dem Seegen hinterdrein: und Gott seegnete
sie. Wir wissen schon aus der Analogie mit andern Stellen, und aus dem zu allen Zeiten und
von allen Völkern angenommenen Redebegrif,
daß das Wort seegnen eine Glükseeligkeit ein-
schließt die man entweder mittheilt oder doch
wenigstens anwünscht, so seegneten Eltern ihre
Kinder, Propheten das Volk, von Gott heißt
es allezeit mittheilen, Glükseeligkeit mittheilen,
das ist zu bekannt und zu erwiesen als daß ich
nöthig hätte mich länger dabei aufzuhalten. Also
hier: und Gott seegnete sie, welch einen andern
Verstand könnte mir ein Oedipus wohl in diese
Worte hinein zaubern, als den: Gott machte
nun ihre Ehe glüklich, er machte dem ersten
Paar gleichsam sein Hochzeitsgeschenk von Glükseeligkeit und worinn bestand das: Seid frucht-
bar, in einer Schöpfungsgeschichte kan dis nichts
anders heissen als er theilte ihnen den Geschlech-

tertrieb und das Vermögen ihn zu befriedigen
mit, mehrt euch, erfüllet die Erde, macht sie
euch unterthan, herrscht über die andern Ge=
schöpfe, lauter Glüksgüter, lauter Seeligkeiten,
wenn ich so sagen darf, die uns Gott damals
versprochen und in deren Besitz wir iezt alle sind
ohne sie zu empfinden, das heißt ihm dafür
zu danken. Noch mehr, nachdem der liebe Gott
die ersten Menschen aus seinem Garten gejagt
hatte, weil sie sich unartig darin aufgeführt,
wußte Adam der bisher für lauter Freude nicht
Zeit gehabt an den Schatz von Vergnügen zu
denken den der gütige Schöpfer ihm zum Hoch=
zeitsgeschenk gemacht, und den er ihm ohngeach=
tet seines Falles aus Gnaden noch gelassen, wußte
Adam, sag ich, für die paradiesische Vergnügun=
gen, welche er verloren, sich auf keine andere
Weise schadlos zu halten, als daß er iezt von
der Wohlthätigkeit seines Schöpfers Gebrauch
machte und sein Weibchen erkannte, und es ist
eine grosse Frage ob er in diesem Augenblik nicht
seinen Verlust für hinlänglich ersezt hielt, ja auch
so gar alsdenn für ersezt hielt, wenn er sich diese
nächtliche Glükseeligkeit bei Tage durch den
Schweiß seines Angesichts verdienen mußte, denn

sine Bacho & Cerere friget Venus. Welche
Güte von dem obersten Gesezgeber selbst gegen
Malesikanten!

Stossen sie sich nicht, meine Herren! an der
Freimüthigkeit, mit der ich über diese Sachen
rede. Alles das muß einmal gesagt sein, und
wenn ich nicht beförchtete, Ihnen eine Abhand=
lung in einer Abhandlung zu schreiben, wollt ich
mich getrauen Ihnen zu beweisen, daß die ver=
wünschte Dezenz die alle diese Gegenstände über=
sirnißt unsern Herzen eben so viel Schaden thun
als die Schminke unsern Gesichtern, Tugend
und Laster, Schönheit und Häßlichkeit bestreichen
sich damit und dann sehen sie sich alle ähnlich:
wehe dann dem armen und unschuldigen Herku=
les, der auf dem Scheidwege steht und nicht
weiß welche von den beiden Damen Tugend oder
Laster ist.

Also — wo sind wir nun, meine Herren?
alles das beweist noch nicht, daß die unerlaubte
Stillung, des Geschlechtertriebs, die Unzucht
kein Laster sei, daß es nicht fast ausser dem Ge=
biet menschlicher Kräfte sei, diesem heftigen Triebe
zu widerstehen, daß die Folgen dieses Triebs
nicht allein für jedes einzelne Individuum, son=

dern auch fürs ganze menschliche Geschlecht nicht
erschröklich sein, indem er fast auf nichts abzu=
zweken scheint, als auf Zerstörung. Wir sind
noch immer in dem nemlichen Labyrinth, Herr!
gebt uns den Faden, wenn es euch beliebt,
der lang genug ist, um herauszukommen.

In der That liegen hier Zerstörung und Er=
bauung in einem Keime beisammen. Das muß
Sie aber nicht befremden, meine Herren in der
ganzen Natur ist es nicht anders. Die Fäulniß,
welche doch gewiß Zerstörung und Auflösung ist,
ist zugleich die Mutter einer neuen Schöpfung
und die einzige; das Weitzenkorn kann nicht
aufgehen, es sei dann daß es vorher in der
Erde gefault habe, und wir würden aufhören
zu leben, wenn nicht täglich die grosse Fäulung
der Nahrungsmittel die wir zu uns nehmen,
in unserer Maschine vor sich gienge.

Doch das ist nur gespielt: zieht die Linien
schärfer, mein Herr, sollen wir diesem Triebe
nachhängen und uns durch unser Vergnügen ver=
derben? Oder ihn vielmehr auf Kosten aller unse=
rer Freuden unterdruken und ausrotten und uns
zur ewigen Jungfrauschaft dem Himmel weyhn.
Und wie ist es mit dieser Ausrottung anzustellen,

da der Trieb so gewaltig und nicht jedermann das Messer so geschikt und beherzt zu führen und einen so kühnen Streich zu machen weiß wie Pater Origenes?

Die Linien sind schon gezogen, ihr Herren, aber freilich nur die Grundlinien, und das in göttlichen und menschlichen Gesetzen. Die Ehe ist die grosse von Gott etablirte Ordnung, in der wir diesen Trieb mäßig stillen dürfen und wenn er auch gleich da, wie alle körperliche Triebe, Hunger und Durst nicht ausgenommen, zur endlichen Zerstörung unsrer Maschine etwas beiträgt, so müssen wir auch in diesem Fall unser irrdisches Leben nicht so hoch schätzen, daß wir es auf Kosten unserer ganzen irrdischen Vergnügtheit und des Lebens einer uns verewigenden Nachkommenschaft zu erhalten suchen sollten. Doch dieser Fall kan nirgends vorkommen als in den Klöstern, bei gewissenhaften Vestalen, die freilich Phönixe unsrer Zeiten sind, an deren Existenz die Gelehrten zweiffeln. Also — nur frisch geheirathet, ihr Herren.

Das wusten wir auch sagten sie, als das Ey stand und in dem Augenblik stunden 25 Eyer. Warum thatet ihrs denn nicht gleich anfangs, sagte Columbus. — Nun nun, trösten sie sich nur meine Herren, wir sind hier noch nicht am Ende, denn das hiesse freilich den Knoten nur zerhauen.

Wie wenn unsre Umstände, unsere Pflichten, die Gesetze selbst uns das Heyrathen verbieten? wie wenn es uns auch unser ganzes Leben verboten bliebe, nicht von Menschen nicht von Königen, nicht von Gott selbst, sondern wenn ich so reden darf von einer in einem gewissen Verstande noch weit mächtiger scheinenden Gottheit, der die Alten nicht fruchtbare und feindselige Benennungen genug zu geben wusten: fatum, dura necessitas. Alsdenn diesen Trieb befriedigen ist Sünde — — ach, meine Herren lassen sie uns die allgemeine Regel nicht um gewisser Ausnahmen willen verrüken, die nur der Barmherzigkeit Gottes zu machen zusteht — ich wiederhole, alsdenn diesen Trieb befriedigen ist Sünde, und wär es nicht Sünde, so würde die grosse Weltordnung aufhören, der ewige Wille Gottes, in der wir allein uns ihm und unserer Glükseeligkeit nähern können.

Es scheint, damit ich mich hier des Gedankens eines Gönners dieser Gesellschaft bediene, der grosse Fehler unserer Untersucher steke darin, daß sie nicht mehr aufs Allgemeine und auf die grossen Anstalten Gottes im Ganzen Acht geben um ihm seine Absichten abzumerken. Lassen Sie uns dem zufolge einige Blike in die Natur werfen und auf die Erfahrungen die sie uns darbeut, um hernach sichere Schlüsse daraus zu ziehen.

Der Geschlechtertrieb ist nicht bei allen Individuen gleich stark. Eine gewisse Mischung des Bluts trägt freilich auch etwas dazu bei, so wie wir nicht in Abrede sein können, daß eine gewisse Lebensordnung, und gewisse Speisen und Getränke, so wie hundert andere zufällige Dinge das ihrige hinzuthun, worunter die Gelegenheit, die Leichtigkeit diesen Trieb zu befriedigen, die Ruhe von andern Geschäften, die Einsamkeit mit dem begehrten Gegenstand, gewiß oben anstehn. Allein hauptsächlich finden wir doch, daß dieser Trieb zärtliche, empfindungsvolle, gutartige Herzen begleitet, die sich nach jedem Subjekt das ihnen nahe steht, umstimmen, mit demselben sympathisiren und dasselbe mit Liebe umfassen können. Ein Gedanke der etwas an sich hat das den wahren Menschenfreund zum lebenslang wei-

nenden Heraklit machen könnte, wenn er ihn nicht
ganz durchdenkt und gleichsam nur in seinem Vor=
hofe stehen bleibt. Wie, ihr edlen Seelen voll
Liebe, Kleinode der Welt, ihr allein sollt mit
einem Triebe zu kämpfen haben, der zur Beloh=
nung eurer Gutartigkeit euch oft in der Blüthe
eurer Jahre hinwelken und sterben macht?

Noch eine Beobachtung, von grösserer Wich=
tigkeit. Daß bei den ungezähmtesten Wollüst=
lingen, stiller und edler Reitz, anstatt diesen
Trieb zum höchsten Ungestümm zu erheben, ihn
vielmehr dämpft und unterdrükt und reinern Flam=
men der Liebe und Ehrfurcht Plaz macht. Eine
Anmerkung die so alltäglich scheint, und die
doch noch von niemand nach ihrer ganzen Schwere
ist abgewogen worden. Sie allein kann uns
vielleicht aus dem ganzen Labyrinth heraus füh=
ren, warten Sie nur, m. H. die Klaue windet
sich nicht mit einemmal ab. Wenn dieses Phä=
nomen nicht wäre, weh euch ihr Schönen,
deren siegender Reiz euch jezt die ganze Natur
zu unterwerfen scheint. Jeder ehrlose Bube
würde Gesez, Straffen und Foltern verachten
und in der Wuth des Affekts seine bis zum
höchsten Grad empörte Lust an euch abkühlen
wollen.

wollen. In der That Gesetz und Straffen wä=
ren viel zu geringe Riegel und Hinderniſſe gegen
eine Leidenſchaft, die der Gewalt des Pulvers
gleich immer wåchſt je gröſſer der ſie einſchrän=
kende Widerſtand iſt. Noch mehr Beobachtun=
gen, m. H. es ſind ſo viel Linien die uns deſto
ſicherer zum Final führen. So gutherzig gewiſſe
Gemüther in der Blüthe ihres Lebens ſind, ſo
ſehr ſcheinen ſie in ihrem Alter das Wiederſpiel
von ſich ſelbſt zu werden, wenn ſie durch Nach=
hängung des Geſchlechtertriebs wo nicht kränk=
lich und mürriſch, doch ſchaal und kaltſinnig
gegen alles was ſie umgiebt geworden ſind. Sol=
che Perſonen ſind an der nächſten Stuffe zur
Grauſamkeit und was noch fürchterlicher iſt, zur
kaltblütigen Grauſamkeit. Selbſt unempfindlich
gegen alles, können ſie ſich auch oft nicht ein=
mal einen Begriff von den Empfindungen an=
derer machen und können ihnen Pein und Qualen
im gerüttelten und geſchüttelten Maaß zumeſſen,
ohne daß ſie ein mitleidiger und zärtlicher Ge=
danken darüber beunruhigt. Daher ſchreiben ſich
alle die kalten Grauſamkeiten der Religionslehrer
von allen Sekten, Inquiſitionen und Heidenbe=
kehrungen, vielleicht auch viele in unſrer Reli=

E

gion eingeschlichene schwarze Vorstellungsarten von Gott und der Zukunft. Es darf in eine solche abgedämpfte Seele nur ein kleiner Zorn, oder andere widerliche Neigung kommen, als Geiz, Neid, Hochmuth — so sind die Folgen unbegreiflich böse, und sie der allerhäßlichsten und entsetzlichsten Handlungen fähig, die oft den anmaßlichen Herzenskündigern so viel aufzurathen geben.

Noch eine Beobachtung! lassen Sie uns nachgraben, wohin die Wünschelruthe der Erfahrung schlägt, bis wir unsere Beute zusammen schmelzen können. Gemüther von störrischer und rauher Art, denen alles unleidlich ist, bisweilen sie selber, die nach dem Hobbesischen Grundsatz: Bellum omnium contra omnes fast für ihre einzige Glückseeligkeit, ihr einziges Vergnügen zu halten scheinen, solche kriegerische Gemüther werden oft auf dem Schooße der Venus zu Tauben gewandelt, die sich allenfalls vor ihren Wagen könnten spannen lassen. Sie werden menschlicher, sie können andere Leute neben sich leiden, sie fangen an gewisse Leute gern zu leiden, sie werden geschmeidiger und können sich so gar in die Fehler dieser gewissen Leute schiken, ja oft werden aus solchen streitbaren und störrigen, die gütigsten und wohlwollendsten Herzen unter dem Himmel, weil bey ihnen gemeiniglich eine grosse Dosis von Lebhaftigkeit vorwaltet, die oft den zu weich geschaffenen Seelen fehlt. Es scheint daß dieses harte Temperament wenn es durch die Liebe aufzuschmelzen anfängt, desto mehr innere Consistenz und Dauer bekömmt, ihr Wohlwollen hat weit mehr Energie als das seufzende und gähnende Wohlwollen gar zuwachsweicher Herzen, es äussert sich daher auch eher und öfterer in grossen und edlen Handlungen.

Alle diese Beobachtungen werden, wenn sie ihr Licht auf unsern Hauptzwek werfen, Ihnen klar und deutlich zeigen, daß die Veranstaltung Gottes bei Austheilung des Geschlechtertriebs unter den Menschen, mehr als die blosse Befriedigung desselben und das daraus entspringende Vergnügen zur Absicht gehabt. Ich sage mehr, und schliesse auch die Fortpflanzung des menschlichen Geschlechts, welche freilich mit eine Nebenabsicht war, von diesem mehr aus. Denn daß wir uns hätten mehren können, ohne vorher uns zu gatten, wird mir kein Leuwenhoek selbst als ein absurdum nach mathematischer

E 2

Strenge zurük geben, da wir ohnehin einen
Beweiß in der Geschichte für uns haben, der
unumstößlich ist, ich meyne die Empfängnis und
Geburt Christi ohne Zuthun eines Mannes.

Um kurz von der Sache zu kommen, der
Geschlechtertrieb ist die Mutter aller unserer
Empfindungen. Zerstreut und verschwendet
diesen Schatz, und ihr werdet kalte und leere
Geschöpfe, Kinder ohne Dankbarkeit und Pie-
tät, Ehegatten ohne Zärtlichkeit und eheliche
Treue, Väter ohne Freude an eurem multi-
plicirten Selbst werden, kalt, kalt, kalt — o
ich weiß keine schröklichere Benennung eines trost-
losen und verzweiflungsvollen Zustandes. Alsdenn kommen die kalten unfreundlichen Leiden-
denschaften wie sieben böse Geister und nehmen
den Platz eurer Liebe ein, die anstatt in der
Schaale des Geschlechtertriebes zu den herrlich-
sten Früchten zu gedeyhen, schon frühzeitig im
Keim erstarb. Dann kommt Hochmuth und
Ehrgeitz und spornen euch ohne Ruhe Felsen an,
dann kommt Kleinmuth und Furcht mit allen
den kriechenden Passionen hinter sich, Neid,
Geiz, Tüke und Schadenfreude, und pressen
euch unaufhörlich bis in euer Grab hinab, wo
Würmer an eurer Seele fressen.

Es wäre also die Zähmung unsers Geschlechtertriebes nicht unfüglich, wo nicht ihrer innern
Wichtigkeit, doch der Zeitfolge nach, der erste
Grundsatz in unserer Moral zu nennen, da wir
gemeiniglich von dem Laster der Ausgelassenheit
und Zügellosigkeit zu allen übrigen stuffenweise,
wie wohl unvermerkt fortzugehen pflegen. Allein
es würde jedes wohlgezogene und delikate Ohr
auf das unausstehlichste beleidigen und scanda-
lisiren, wenn man sich unterstehen wollte ein
so schönes und herrliches Gebäude, als la belle
morale ist, auf unsere Schaam zu gründen.
Alldieweilen und sintemalen von solchen Sachen
sich nicht wohl reden läßt. Die Dame würde
mit hellem Geschrey sich den Fächer vor den
Augen halten, und der Chapeau lachend und
pfeiffend zum Fenster hinaus sehn.

Aber es ist nicht anders, und jetzt haben
wir einiges Licht, warum Gott durch Mosen die
Ehegesetze mit so scharfen Strafen begleitet, eta-
blirt hat, einiges Licht, warum er die Hure-
rey, oder die unerlaubte und unordentliche Befriedigung dieses Triebs noch für das künftige
Leben zu straffen bedroht, da sie doch in diesem
schon ihre Straffe mit sich führt. Wir werden kalt

und Empfindungs-leer gegen alles, also auch gegen den Urheber dieses Alles gegen Gott, und verfehlen also ganz und gar unsere Bestimmung, welche Liebe und Glükseligkeit war. Einiges Licht, was Christus in der oben angeführten Stelle hat sagen wollen, daß einige sich um des Himmelreichs willen verschneiden, das heißt diesen Trieb niemals befriedigen, um ihre Empfindungen für Gott und die ganze Natur ungeschwächt zu erhalten.

Nichts bleibt uns jetzt übrig, als bei allen diesen Motiven, so herrlich sie sind, und so kräftig sie wirken könnten, wenn wir immer die Augen unserer Vernunft offen behielten und die Leidenschaft nicht blind wäre, uns nach Mittel um zu sehen, der Heftigkeit des bloß thierischen Triebes Zügel anzulegen und Einhalt zu thun. Denn wir sehen wohl, daß er nur geleitet, nicht getödtet werden muß, so wenig wir Fug haben, andere thierische Instinkte die zu heilsamen Zwecken in uns gelegt waren, auszurotten. Und dieses Mittel muß von der Art sein, daß es bei allen Fällen und zu allen Zeiten gleich kräftig und probat ist, keine Palliativ-kur, die im nächsten Augenblik den Schaden nur zweideutiger und den Schmerz heftiger macht den sie im ersten Augenblik zu stillen schien. Präkautio-

nen, Gebeth, gute Grundsätze und Maximen fleißig
und oft sich wiederholt und eingeprägt (wie wohl
auch die mehr aus unsern eigenen Erfahrungen ab-
gezogen als aus Büchern erlernt werden müssen)
eine strenge Lebensordnung, Fasten so gar und
Enthaltung von erlaubten Vergnügungen, Ver-
meidung böser Gelegenheit, Flucht — — — alle
die Recepte unserer heutigen Moralisten sind gar
gut, aber man erlaube mir es zu sagen, sie sind
keine Universalmedicin, die für alle Subjekte
brauchbar ist, und gemeiniglich äussern diese
schönen Rathschläge ihre ganze Kraft erst, oder
von uns erst dann in ihrer Heilsamkeit einge-
sehen, wenn der Schaden schon geschehen, wenn
die Stunde der Versuchung schon vorübergegangen
ist und wir untergelegen haben. O wie schön
können wir alsdann nicht über die Schändlich-
keit dieses Lasters deklamiren, um gleichsam dem
Herzenskündiger dadurch unsere eigene Begehung
desselben abzubüssen und ihn über unsere schönen
Worte unsrer Handlungen vergessen zu machen.
— Es kommt hier also auf eine Medicin an,
die ihre Kraft vor der Krankheit äussert welche
sie verhüten soll — und die ist — um einmal
kurz zu schliessen, um mit einem Wurf das Ziel

zu treffen, nach welchem wir so lange gezielt
haben — weil doch unsere Seele von der Natur
ist, daß sie nicht gern ein Vergnügen aufgiebt,
wenn nicht auf der Stelle ein anders wieder da ist,
es zu ersetzen — Die empfindsame Liebe. Seht ihr
einen Gegenstand, der euern Geschlechtertrieb
rege macht, versucht ob ihr ihn lieben könnt,
etwas liebenswürdiges wird er immer haben,
und ein weit reicheres Maaß von Vergnügen wer=
det ihr ernten, als euch der letzte Genuß geben
könnte. Die rechten Verhältnisse und Grade
in der Liebe zu finden, dazu habt ihr die Ver=
nunft, Gottesgabe und vollkommenstes Gesetz.
Sela!